L'ADMINISTRATION DES HARAS

ET

L'INDUSTRIE PRIVÉE

Par le Baron de PIERRES

PARIS

IMPRIMERIE ET LIBRAIRIE DE SCHILLER AINÉ

11, FAUBOURG-MONTMARTRE

1860

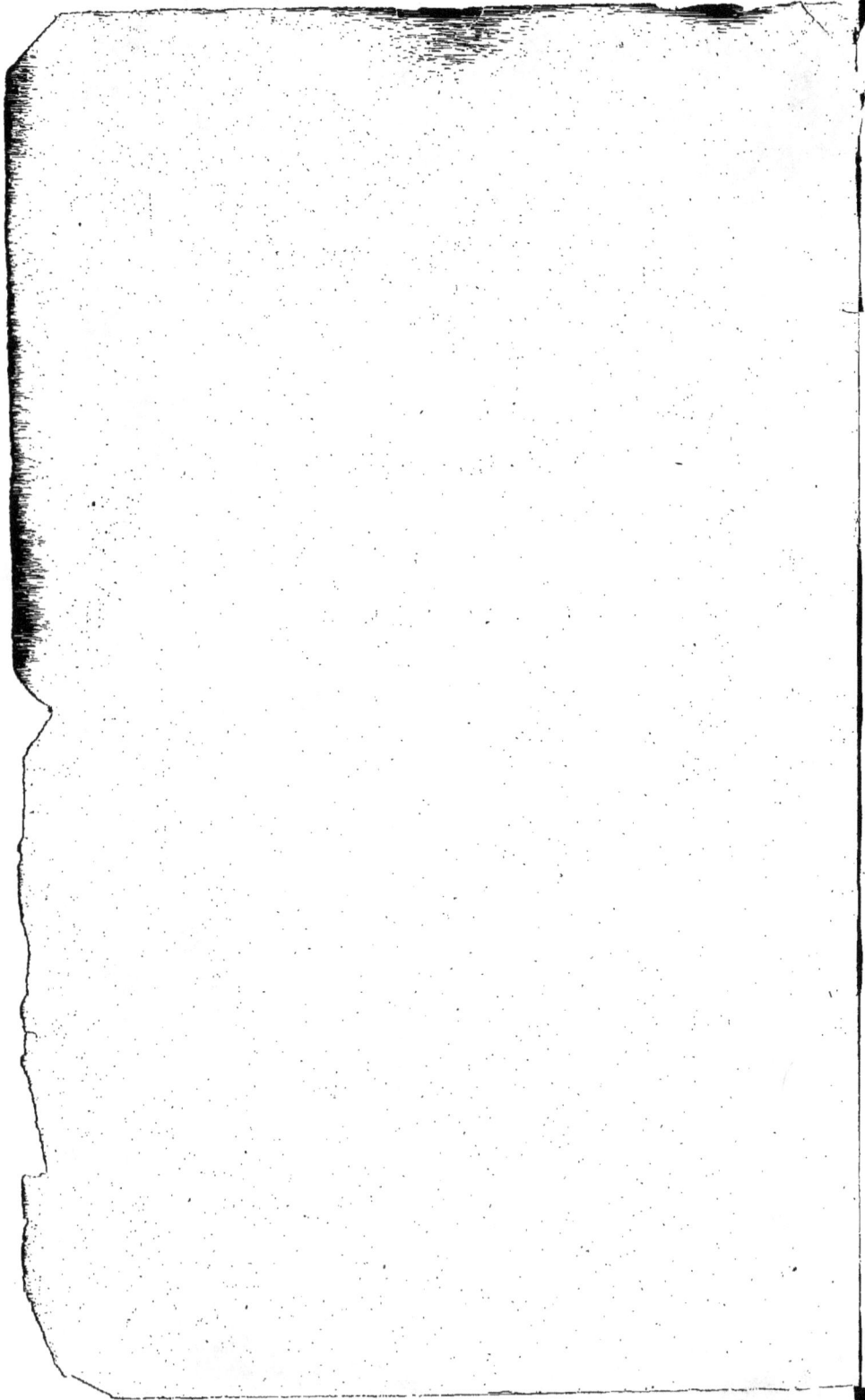

L'ADMINISTRATION DES HARAS

ET

L'INDUSTRIE PRIVÉE

(C.)

L'ADMINISTRATION DES HARAS

ET

L'INDUSTRIE PRIVÉE

Par le Baron de PIERRES

———o———

PARIS

IMPRIMERIE ET LIRRAIRIE DE SCHILLER AÎNÉ

11, FAUBOURG-MONTMARTRE

———

1860

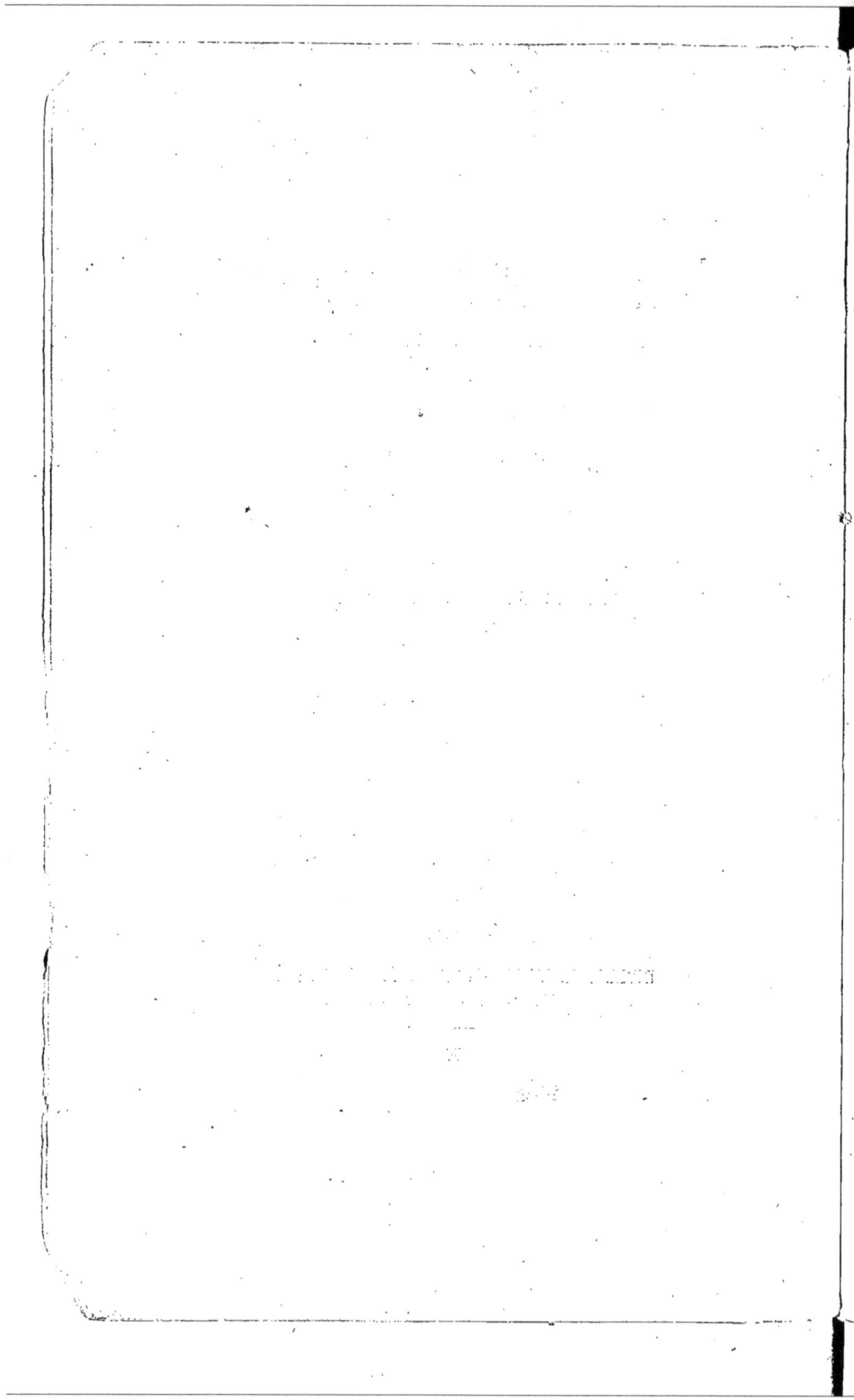

L'ADMINISTRATION DES HARAS

ET

L'INDUSTRIE PRIVÉE

L'Empereur Napoléon III, dans un de ses ouvrages, a dit : « Il faut éviter cette tendance funeste qui entraîne l'Etat à exécuter lui-même ce que les particuliers peuvent faire aussi bien et mieux que lui » ([1]). Il y a, dans

---

([1]) *Œuvres de Napoléon III*, 3ᵉ vol.

ces paroles la solution complète d'une question de haut intérêt, celle de l'industrie chevaline.

Cette industrie a toujours été en France l'objet d'une vive sollicitude de la part des gouvernements qui se sont succédé, car c'est elle qui doit fournir les chevaux nécessaires à la défense et au commerce du pays.

En vue d'atteindre à ce résultat, deux systèmes sont en présence : ils ont le même but, et cependant ils n'ont cessé de se nuire en se combattant. Ces deux systèmes consistent : l'un, à laisser à l'Etat représenté par l'administration des haras, la possession et l'entretien des étalons nécessaires à la reproduction ; l'autre, à réclamer seulement pour l'industrie privée la protection et les encouragements de l'Etat.

Dans le premier système qui implique l'idée d'un monopole, l'action directe par l'Etat se limite selon les variations du budget ; le second système, celui de l'industrie privée qui implique l'idée de liberté, est celui que nous croyons le meilleur, et dont l'application sin-

cère nous paraîtrait aussi urgente que féconde
en bons résultats.

L'administration des haras existait avant
1789, et, comme toutes les institutions à cette
époque, elle fut emportée par la tourmente
révolutionnaire. Les guerres incessantes qui
suivirent la révolution firent sentir à Napoléon I⁰ qu'il fallait s'occuper de notre race
chevaline amoindrie en nombre et en qualité.
Comme alors l'industrie privée lui faisait dé-
faut, parce qu'elle ne s'était pas [encore re-
constituée, l'Empereur rétablit en 1806 l'administration des haras. Mais il avait des idées
trop grandes et trop pratiques pour la rétablir avec la pensée d'immobiliser dans son
sein la production chevaline. Aussi, pré-
voyant qu'elle devait entrer plus tard dans
le domaine de l'industrie privée, ne donna-
t-il à cette organisation qu'une importance
restreinte, puisque le décret de 1806 li-
mitait le nombre des étalons. Le minimum

fut fixé à 1,470, et le maximum à 1,825 [1].

Sous la Restauration et depuis, le budget de l'administration resta à peu près dans ses conditions primitives, et, par suite, le nombre des étalons dont elle pouvait disposer fut maintenu. Mais, durant cette période, l'industrie privée n'était pas demeurée stationnaire. Elle avait marché, quoique dans une progression proportionnée aux circonstances, de manière à prouver que son mouvement d'émancipation allait se prononcer dans toutes ses branches, et par conséquent aussi dans le développement des ressources chevalines. C'est alors qu'on vit le spectacle regrettable d'une concurrence faite aux possesseurs d'étalons par l'administration des haras, concurrence en dehors de la nature même de ses attributions et déviant du but auquel aspire le Gouvernement, c'est-à-dire l'accroissement et surtout l'amélioration de la race chevaline en France.

Cet antagonisme cesserait du moment où

_____

(1) Ce maximum, n'a jamais été atteint, et le chiffre même du minimum, pendant toute la durée de l'Empire, a varié entre 997 et 1,109 seulement.

l'on consentirait à déplacer le centre de certaines oppositions, et à faire capituler quelques
opinions préconçues qui s'obstinent dans les
habitudes du passé. Pour cela, il faudrait, d'un
œil impartial, regarder autour de soi et reconnaître, proclamer les résultats obtenus par
les éleveurs, chaque fois que des encouragements suffisants sont venus éveiller leur activité et stimuler des efforts intelligents.

Tout en demandant que l'administration des
haras renonce à la concurrence qu'elle fait à
l'industrie privée, nous sommes loin de méconnaître les services qu'elle a rendus et encore
moins de vouloir amoindrir la sphère de son
importance. Au contraire, en compensation de
l'abandon d'une action directe qu'on peut qua-
lifier d'absorbante au point de vue industriel,
nous réclamons pour elle un rôle fécond de
protection continue, de surveillance attentive
sur le mouvement et les progrès de l'industrie
chevaline. Disposant de larges encouragements
de l'Etat, elle les répartirait judicieusement,

et exercerait ainsi une action d'autant plus grande qu'elle serait préposée à la direction d'un ordre d'idées plus élevées, plus en harmonie avec sa vraie destination. Il ne faut pas se le dissimuler, au point où en sont venus les errements et l'esprit même de l'administration, on trouve en elle des aspirations vers un monopole qui n'a plus de raison d'être eu égard aux intérêts et aux besoins de notre temps.

Au lieu d'une action renfermée dans des bornes étroites, qui n'a à s'occuper exclusivement que de 2,000 étalons (1), l'administration des haras agirait sur tous ceux de la reproduction, sur 12,000; elle rechercherait sans cesse, elle signalerait avec un discernement éclairé les meilleurs au point de vue des besoins de l'élevage. C'est assez dire combien l'horizon s'élargirait autour d'elle et quels grands intérêts, à la fois privés et publics, se trouveraient encouragés sous la surveillance tutélaire de sa haute direction.

---

(1) Le nombre se compose de 1,300 environ appartenant en propre à l'État, et de 700 aux particuliers.

Tandis que ce rôle, vraiment gouvernemental, échappe à l'administration des haras, la plupart de ses agents voient leur rôle se rapetisser de plus en plus et ils finissent par ne plus avoir d'autres attributions que les soins multiples des dépôts, que la tenue d'une comptabilité méticuleuse et toutes les mesquines tracasseries administratives qui s'en suivent. Si, au contraire, l'industrie privée venait à prendre un essor décisif, leur sphère s'agrandirait et s'élèverait; leur position même pourrait être améliorée et leur intervention se montrer plus utile encore.

Il y aurait sans doute beaucoup de choses à dire sur la distribution du travail et de la nourriture des chevaux, souvent insuffisants pour les maintenir dans des conditions normales; sur certains détails d'ordre et sur le reproche fait à l'administration des haras d'avoir laissé acheter par certains agents des chevaux que tel de leurs confrères venait de refuser; sur la faveur faite en diverses occasions, à des écuries particulières, en y plaçant un étalon de l'État pour un nombre de juments trop restreint; mais il est juste de dire que l'administration des haras, pas plus que toute autre administration, ne peuvent se soustraire à certaines influences qui, dans l'espèce, ont pu les faire dévier de leur mission primitive.

On objectera que les encouragements accordés à l'industrie privée entraîneraient aussi des inconvénients. Il est permis d'en douter, et d'ailleurs ils ne pourraient être que d'une seule nature : commettre des erreurs sur les encouragements donnés. Mais ici le remède serait placé à côté du mal ; la publicité et la concurrence des étalonniers entre eux, auraient bien vite fait reconnaître l'abus. Dans le cas d'un encouragement hasardé en faveur d'un étalon, il faudrait bien le justifier, et l'erreur, quand elle existerait, ne serait que passagère ; elle n'aurait pas la durée de celle que commet une administration en dehors du contrôle efficace des intérêts.

De ce qui précède, comme d'une foule d'autres faits dont on fournirait aisément la preuve,

on déduit cette habitude, que l'on dirait une
volonté persévérante de restreindre et même
d'étouffer tous les élans de l'industrie particulière.

En 1858, les haras demandaient au budget
du ministère du commerce 400,000 fr. destinés à construire un établissement nouveau
pour le dépôt d'étalons de Paris, or ce dépôt n'en emploie que 5 ou 6. Le ministre
réunit une commission pour examiner si, en
présence d'une dépense aussi considérable,
pour un usage aussi restreint, il n'y avait pas
lieu de supprimer le dépôt de Paris.

La commission fut d'avis que la suppression n'offrait pas le moindre inconvénient,
que l'industrie privée donnerait facilement
ces six étalons, mais que ces animaux devant
être de premier choix et d'un prix élevé, la
mesure ne serait possible qu'autant qu'ils
pourraient être primés, selon leur mérite, jusqu'au maximum de 3,000 fr., et que les haras
ne viendraient pas leur faire concurrence. La
commission ajoutait qu'au lieu de 6 étalons
il s'en trouverait avant peu un bien plus grand
nombre, car elle savait d'avance que beau-

coup de particuliers étaient disposés à s'en procurer ou qu'ils les possédaient déjà (¹).

Malgré cela; l'administration des haras, croyant voir dans la mesure proposée une tentative sérieuse d'émancipation pour l'industrie privée s'y opposa de toutes ses forces, et telle est la puissance de l'habitude que, moyennant certain arrangement consenti par la ville de Paris, on élève en ce moment une construction magnifique, dans le bois de Boulogne, pour loger 6 étalons.

Ainsi l'Etat, représenté par l'administration des haras ou la ville de Paris, va dépenser 400,000, peut-être 500,000 fr. pour faire ce que les particuliers pouvaient faire, et par conséquent affecter à chacun des 6 étalons une somme de 3 à 4,000 fr. uniquement pour les loyers, tandis qu'avec une prime de 3,000 fr. on pouvait obtenir un résultat beaucoup plus satisfaisant. Et en effet cette mesure aurait

---

(1) La prévision était fondée, car, depuis cette époque et malgré le peu d'encouragements qui leur sont offerts, on a vu plusieurs étalons de mérite, appartenant à des écuries particulières, s'annoncer dans les environs de Paris.

produit plus d'étalons, débarrassé l'Etat d'un soin inutile et développé sur ce point l'industrie privée.

Il est à remarquer aussi que l'administration des haras paye les étalons qu'elle achète à l'étranger plus cher que ne le feraient des particuliers. Les vendeurs savent toujours à qui ils ont affaire. Quand le gouvernement croit avoir besoin d'une chose, la question d'argent est pour ainsi dire accessoire. C'est ce qui explique l'élévation du prix de revient pour tout ce qui est entrepris par l'Etat, tandis que des particuliers ayant un intérêt bien plus direct que des agents irresponsables, obtiennent de meilleures conditions.

D'un autre côté, il arrive aussi qu'en France les vendeurs sont mécontents et trouvent que les haras ne leur paient pas assez les étalons qui ont été choisis. Le plus souvent les vendeurs ont tort et le savent, mais les plaintes ne se produisent pas moins, et elles remontent parfois jusqu'aux administrations supérieures. Avec l'industrie privée, rien de semblable. Chacun se défend à armes égales, et les marchés conclus n'amènent aucune récrimination.

Il est incontestable que dans la situation
actuelle l'administration des haras achète les
meilleurs étalons; cela lui est facile, puisqu'elle
est seule maîtresse d'un marché où les particuliers n'ont aucun intérêt à lui faire concurrence. Mais l'industrie privée n'en possède
pas moins le plus grand nombre, et elle n'a besoin que d'un stimulant pour les améliorer.
Elle se trouve même pour cela dans des conditions plus favorables que les haras, car les
éleveurs ont des sujets qui remplissent plus
sûrement leur rôle dans la reproduction.

En effet, l'étalon de l'administration, assu-
jetti à une vie comparativement sédentaire,
est disposé lorsqu'il est envoyé en station à
se ressentir des fatigues du voyage; il est
toujours plus ou moins affecté par le changement de climat et d'habitudes, par la
qualité des eaux et une foule d'autres cau-
ses qui tiennent au déplacement. Sous ces
influences diverses, cet étalon se trouve parfois
dans des conditions mauvaises ou insuffisan-
tes. Il n'en est pas de même de l'étalon particulier qui entretient sa vigueur par un plus grand
exercice et qui agit dans un voisinage où les

conditions atmosphériques et alimentaires sont identiques à celles de sa localité. Il est ménagé, surveillé par l'œil vigilant et intéressé du propriétaire. L'éleveur qui lui donne sa jument est certain de le retrouver toute l'année, tandis que l'étalon de l'administration n'est envoyé en station que pendant six mois seulement.

Il est reconnu que la race des chevaux de pur-sang s'est développée sous l'influence de l'industrie privée. En 1833, époque où se fonda la Société d'encouragement, on ne comptait en France que 665 chevaux de pur-sang. De 1833 à 1852, les haras interviennent directement dans cette production ; ils élèvent et font même courir leurs produits avec succès ; eux seuls réglementent les courses. Pendant cette période de dix-neuf années, le nombre des chevaux de pur-sang n'augmente que de 59 par an. A partir de 1852, les haras renoncent à l'élevage ; la société d'encouragement, qui n'est

2

autre chose qu'une association privée, entre d'une manière plus directe dans l'organisation des courses, et nous voyons le nombre des chevaux de pur sang s'augmenter de 244 par an. En 1858, c'est-à-dire en six ans, ils atteignent le chiffre de 3,259. Le nombre des poulinières suit la même progression, et du chiffre de 559 que l'industrie privée possédait en 1852, il monte à 1,006, en 1858.

Il est bien évident que cette augmentation énorme est due aux efforts de cette industrie stimulée seulement par les courses et les primes. « Les encouragements qui ont été les plus efficaces sont évidemment les courses et les primes, » écrit M. le comte de Lastic, officier des haras. M. de Montendre, agent supérieur des haras et des plus distingués, dit de son côté, en 1841 : « Dans une nouvelle carrière ouverte par un petit nombre de novateurs éclairés, on a en vue, avec raison, l'amélioration du cheval par les étalons de pur sang et par les courses. »

Dans l'état actuel de nos besoins et de notre civilisation, trois espèces de chevaux sont nécessaires : les chevaux de pur sang, de trait et de demi-sang.

Les plus essentiels, comme principe d'amélioration, sont les chevaux de pur sang, mais ils coûtent beaucoup à produire et sont les moins applicables à l'usage général. Cependant, par les chiffres que nous venons de donner, on voit qu'ils se sont multipliés et améliorés grâce surtout à l'influence et aux efforts de l'industrie privée.

Quant aux seconds, les chevaux de trait, on conviendra avec nous que sous le rapport du nombre, ils ne laissent rien à désirer; et si un usage fâcheux ne les faisait conserver entiers presque tous, ils offriraient à notre artillerie, même ·pour la guerre la plus longue, des ressources intarissables. Leur qualité ne saurait être contestée, pas plus que leur belle apparence, ainsi que le prouvent les attelages des omnibus de chemins de fer à Paris. Cependant cette race se passe à peu près complètement du concours des haras et elle n'a cessé de prospérer sous la seule impulsion de l'industrie.

La troisième espèce, celle du demi-sang, n'est qu'un dérivé des deux autres, et sans leur secours elle ne pourrait être maintenue dans un état satisfaisant de force, d'ampleur et d'énergie. C'est l'espèce la plus utile, celle qui doit répondre aux besoins du luxe, du commerce, de la cavalerie, et nous soustraire à la fâcheuse nécessité d'avoir recours à l'étranger. On ne saurait donc lui donner trop de soins, trop d'encouragements. Mais si les deux races de pur sang et de trait se sont multipliées, grâce surtout à l'industrie privée, pourquoi n'en serait-il pas de même du demi-sang, alors que le gouvernement lui accorderait, comme aux deux autres, protection et encouragement, rien qu'en lui consacrant une large part du budget de l'administration des haras?

Certains défenseurs du monopole reconnaissent bien l'utilité qu'il y aurait à laisser à l'industrie privée la possession des étalons, mais ils affirment que cette industrie n'est pas *encore mûre*, et qu'aujourd'hui elle serait incapable de suffire à la reproduction, tant pour le nombre que pour la qualité. A cela nous répondrons d'abord que, dans l'état actuel, comme nous l'avons dit plus haut, l'industrie privée possède 10,700 étalons sur 12,000, et, que sur ce nombre, 700 seulement reçoivent un encouragement de l'État. Ensuite, c'est l'industrie privée qui élève jusqu'à quatre ans les neuf dixièmes des étalons qui appartiennent à l'État.

On ne doit pas ignorer non plus qu'avant 1789, pour une population chevaline de 1,500,000 têtes, il y avait en France 3,239 étalons officiels. Sur ce nombre, 365 étaient tenus en dépôt par l'Etat; 750 appartenant à l'Etat étaient confiés à des particuliers gardes-étalons, auxquels on faisait certains avantages, et 2,124 appartenaient en propre à des particuliers jouissant de priviléges, qui, à notre époque, peuvent être remplacés par des primes. Alors, très peu de chevaux étrangers étaient introduits dans le royaume et nos éleveurs suffisaient à tous les besoins du pays. Et maintenant on voudrait qu'avec les 3,000,000 de chevaux que la France possède, avec des ressources incomparativement plus grandes, l'industrie privée fût incapable de fournir aux besoins dela reproduction, et qu'elle fût forcée de rétrograder!

Qu'on cesse donc, à l'aide de raisonnements démentis par les faits, d'élever des doutes sur les ressources et la vitalité de l'industrie privée, assurément plus puissante aujourd'hui qu'avant la révolution de 89.

Il est bien certain que, livrée à elle-même et sans subvention, elle pourrait languir pendant longtemps encore; mais nous croyons que l'argent dépensé par les haras serait suffisant pour lui donner des encouragements plus larges qu'il n'en est accordé à aucune autre industrie et qu'ils porteraient l'amélioration partout à la fois sur la masse des étalons.

Pour établir nettement notre pensée, nous la matérialisons dans le tableau suivant dont les hommes compétents reconnaîtront sans doute la vérité pratique.

Prenons pour base la dépense occasionnée en 1856 à l'Etat par les 2,000 étalons qu'il possédait ou qu'il primait entre les mains des particuliers; elle s'élevait à 2,455,952 fr. Si on retranche de cette somme 245,952 fr. pour frais d'administration et d'inspection, on aurait à distribuer en prime une subvention de 2,210,000 fr.

Cette somme pourrait être répartie comme suit entre 2,600 étalons, c'est-à-dire 600 de plus que l'Etat n'en possède ou n'en prime aujourd'hui ([1]).

---

(1) En 1856, les dépenses occasionnées à l'Etat par les haras ont été de 3,656,397 fr. 82 c.. divisés ainsi qu'il suit :

Entretien des étalons.	1,800,052 02
Renouvellement des étalons	471,619 91
Intérêt de 8,000,000 d'immeubles . .	400,000 » »
Intérêt de la valeur des étalons. . .	150,000 » »
Primes aux juments.	217,435 » »
Primes aux étalons particuliers. . .	265,840 05
Prix des courses.	294,591 16
Primes de dressage et service général.	56,859 68
Total.	3,656,397 82

mais les recettes ayant été de 644,719 fr., les dépenses réelles ont été de 3,011,678 fr. 82 c.

ÉTALONS CATÉGORIES	NOMBRE	PRIMES APPLIQUÉES À chaque catégorie	MOYENNE DES PRIMES	PROGRESSION DES PRIMES	ESTIMATION DES ÉTALONS	JUMENTS à saillir par étalon	PRIX DE LA SAILLIE
de pur sang	300	600,000	2000	1,000 à 3,000	4,000 à 30,000	30 à 40	20 à 200
1/2 sang n.1	300	420,000	1400	1,300 à 1,800	6,000 à 10,000	50	20 à 40
1/2 sang n.2	500	400,000	930	800 à 1,300	4,000 à 6,000	50 à 60	15 à 25
1/2 sang n.3	1100	660,000	600	500 à 800	2,000 à 4,000	70	8 à 14
de gros trait	600	85,000	200	100 à 300	1,000 à 2,500	80	5 à 9
	2800	2,210,000	1020				

DÉPENSE ANNUELLE PAR ÉTALON		RECETTE ANNUELLE PAR ÉTALON		BÉNÉFICE	INTÉRÊT pour le prix d'acquisition	OBSERVATIONS
Entretien....... 800 Amortissement. 600	}1400	Prime. 1000 Saillies. 600 Fumier. 40	}1640	374	9 35	
Entretien....... 800 Amortissement. 5000	}5800	Prime. 5000 Saillies. 5000 Fumier. 40	}9040	3240	10 80	
Entretien....... 800 Amortissement. 1000	}1800	Prime. 1300 Saillies. 1000 Fumier. 40	}2340	540	9	
Entretien....... 800 Amortissement. 1000	}2460	Prime. 1800 Saillies. 2000 Fumier. 40	}3840	1374	13 75	
Entretien....... 800 Amortissement. 600	}1400	Prime. 800 Saillies. 900 Fumier. 40	}1740	274	6 83	en moyenne 11 32
Entretien....... 800 Amortissement. 1000	}1800	Prime. 1300 Saillies. 1200 Fumier. 40	}2530	790	13 15	
Entretien....... 650 Amortissement. 333	}953	Prime. 500 Saillies. 560 Fumier. 40	}1100	107	5 35	
Entretien....... 600 Amortissement. 665	}1265	Prime. 800 Saillies. 980 Fumier. 40	}1920	554	13 85	
Entretien....... 400 Amortissement. 160	}560	Prime. 100 Saillies. 400 Travail. 150 Fumier. 50	}600	124	12 0	
Entretien....... 800 Amortissement. 410	}810	Prime. 300 Saillies. 720 Travail. 150 Fumier. 40	}1210	394	13 75	

Ne suffit-il pas de parcourir ce tableau pour trancher la question en faveur de l'industrie privée? La possibilité de retirer 11 p. 100 d'intérêt ne serait-elle pas suffisante pour modifier l'opinion dans le sens que nous indiquons? Ce taux, si rare en France, n'est-il pas de nature à attirer les capitaux des agriculteurs, des propriétaires, des commerçants même? A ces conditions ne trouverait-on pas nombre de personnes disposées à s'engager dans cette industrie, qui n'a besoin que d'être connue et sainement appréciée pour devenir une source féconde de la richesse nationale?

Enfin pour corroborer nos idées, nous mentionnerons, comme un fait important, la réunion d'une commission devant l'Empereur, en 1859. Cette commission renfermait les plus habiles défenseurs des haras. Nulle part ils ne pouvaient se trouver mieux en mesure de faire prévaloir leurs vues.

Eh bien! malgré tout le talent déployé en cette occasion, l'Empereur jugea qu'il n'était pas suffisamment éclairé, et s'en remit à plus ample informé.

Les membres de cette commission n'avaient

cependant pas manqué de s'appuyer sur l'opinion et sur les réclamations mêmes de la plupart des conseils généraux.

Méconnaissant les ressources que leur offre l'industrie privée, les conseils généraux ont de tout temps demandé des étalons à l'administration des haras; aujourd'hui, pas plus qu'avant, ils ne dérogent à cette habitude, et, pour leur donner satisfaction, le budget ne serait jamais assez élevé.

En cela, les conseils généraux se maintiennent dans ce que nous appellerons l'esprit financier qui leur est propre. Leur préoccupation naturelle est de diminuer sans cesse les charges départementales et d'obtenir le plus possible de l'État. Le gouvernement l'a si bien reconnu, qu'il détermine certaines dépenses qui doivent incomber aux départements et les obligent à des sacrifices d'intérêt local.

En regard de cette tendance des conseils généraux, il est curieux de mettre la délibération intelligente du conseil municipal de l'un des cantons du département de l'Orne. Depuis longtemps il sollicitait de l'administration des haras l'établissement d'une station d'étalons, et, d'après les termes mêmes de sa délibération, cet état de choses menaçait de se prolonger indéfiniment sans résultat, lorsque l'industrie particulière vint donner satisfaction aux intérêts du pays (¹).

N'y a-t-il pas dans ce fait une réponse péremptoire à cette assertion faussement répandue que certains pays d'élevage seraient forcés de se passer d'étalons, si l'Etat ne leur en fournissait pas ? En outre, il serait facile de citer en France des propriétaires isolés ou associés, possédant jusqu'à 20 ou 30 étalons qui vont là où leur service peut être utile et productif.

La conclusion rigoureuse de tout ce qui précède serait que la remise des étalons de l'État entre les mains des particuliers pourrait être accomplie sans aucun préjudice, et tout au contraire, au profit du développement progressif de la production chevaline en France.

C'est là notre sentiment, et nous nous se-

---

(1) Voir les notes.

rions borné à établir l'urgence de cette mesure, à en solliciter l'exécution, si nous n'étions arrêté par la crainte de nous heurter contre des opinions d'autant plus redoutables que la plupart d'entre elles sont consciencieuses et de bonne foi dans l'erreur; aussi, pour éviter des perturbations dont on exagère d'ailleurs l'importance, on pourrait, selon nous, par de simples modifications au système suivi jusqu'ici, arriver à l'émancipation complète de l'industrie privée.

Ainsi par esprit de conciliation, nous admettons le maintien d'un certain nombre [détalons entre les mains de l'État, comme cela existe. En revanche, an nom de l'industrie privée qui gravite dans la voie du progrès, nous réclamons des primes sérieuses, capables de l'aider à réaliser au plus tôt sesjustes espérances.

Pourquoi n'y parviendrait-elle pas ? Pourquoi la France qui se trouve d'ailleurs dans d'excellentes conditions de sol et de climat ne réaliserait-elle pas avec les encouragements de son gouvernement les magnifiques résultats que nous envions à l'Angleterre et aux États-

Unis, où cependant l'éleveur se passe de cette protection ?

Ce que ces deux pays ont fini par produire est l'œuvre de longs tâtonnements, d'essais individuels et coûteux ; mais nous qui venons après, qui héritons de leur expérience, de leurs méthodes, ne devons-nous pas produire aussi bien et plus vite ?

Nous laisserons des étalons entre les mains de l'administration des haras, mals à la condition qu'elle comprendra la nature véritable de la mission qui lui est confiée. Il est nécessaire de rentrer dans le programme de la commission de 1852, non pas avec des hésitations désastreuses, mais avec une allure plus décidée et plus large qu'à cette époque (1).

_____

(1) Ce fut en 1852 que le gouvernement, prenant en sérieuse considération les réclamations de l'industrie privée, fit étudier la question. Le résultat de ce travail se trouve consigné dans un rapport important qui devait servir de programme nouveau et que nous reproduisons à la fin de cette brochure.

Toute hésitation est une faute funeste de la part d'une administration, quand elle a pour mission de développer une industrie qui, par la nature même de ses éléments, ne peut obtenir de résultat qu'au bout de cinq ou six ans. Cette faute, dont les éleveurs et les étalonniers se plaignent avec raison, ne saurait être niée ; en effet, la marche adoptée par la commission de 1852 reçut d'abord son application ; mais, dès 1856, les directeurs de dépôts les mieux disposés s'aperçurent que leur administration ne les soutenait pas dans cette nouvelle voie, et, dès lors, craignant d'être un jour complétement désavoués et de se trouver ainsi dans une position fausse, soit vis-à-vis de leurs chefs, soit vis-à-vis des particuliers, ils cessèrent toute espèce de tentative pour faire augmenter le nombre ou la qualité des étalons de l'industrie privée. Aussi voyons-nous tel dépôt qui, avant 1852, ne comptait pas dans son arrondissement un seul étalon approuvé, en avoir progressivement jusqu'à trente et quarante en 1857, pour retomber à quelques-uns seulement en 1859.

Qu'on remette donc l'administration en

demeure d'exécuter rigoureusement ce programme de 1852, dont l'abandon arrêterait
les améliorations qui ont été obtenues depuis
cette époque, en dépit des entraves de l'administration des haras. Or ces améliorations sont
telles qu'on ne saurait les méconnaître, à
moins de nier l'évidence.

Ainsi, l'année dernière, la guerre deman-
dait en toute hâte des chevaux pour l'armée
d'Italie. Sous l'impression du passé, on affir-
mait que notre cavalerie ne pouvait être mise
sur le pied de guerre à l'aide des seules ressources du pays. Les défenseurs du monopole
profitaient de l'occasion pour déplorer le triste
état de notre industrie chevaline, et l'attri-
buaient à la marche qu'avait indiquée la commission de 1852. Ces craintes étaient chimé-
riques, et les remontes de l'armée ont trouvé
en France tous les chevaux nécessaires, de
bonne qualité, à des prix convenables, sans
avoir recours à aucune mesure extraordinaire
et malgré les prohibitions de l'Allemagne.

Nous avons établi plus haut, par des
chiffres authentiques, que le nombre des
chevaux de pur-sang avait progressé en France

d'une manière remarquable, surtout depuis
1852. Leur amélioration ne saurait non plus
être mise en doute, car c'est à dater de
cette époque seulement que plusieurs de nos
produits ont pu se montrer sur des hippo-
dromes en Angleterre et gagner des courses
importantes. Enfin, le chiffre des importations
de chevaux qui, dans notre opinion, s'abais-
serait encore avec le développement de l'industrie privée, n'a jamais été moindre qu'en
1858 (¹), car il ne s'est élevé qu'à 13,750, au
lieu de 20,878, qui représentent la moyenne
des importations pendant chacune des douze
années précédentes. Par contre, le chiffre des
exportations en 1858, s'élevant à 7,090 chevaux, a dépassé celui des exportations des
douze années précédentes dont la moyenne n'a
été que de 5,151.

Ces améliorations peuvent être attribuées
par quelques-uns à la progression générale des
choses, mais nous ne saurions les séparer des
principes qui se sont fait jour en 1852, si mal
compris de ceux-là mêmes qui devaient les
appliquer !

_____

(1) Les chiffres de 1859 ne nous sont pas encore connus.

Les modifications que nous croyons utiles au développement de l'industrie chevaline peuvent se traduire par les propositions suivantes :

1° Déterminer le nombre maximum des étalons de l'Etat avec interdiction de le dépasser.

2° Elever la quotité et la quantité des primes accordées aux étalons et aux poulinières de l'industrie privée.

3° Cesser l'élevage irrationnel et coûteux du haras de Pompadour.

4° Ne laisser circuler publiquement pour faire la monte aucun étalon non primé, s'il n'est muni d'une autorisation.

5° Interdire en France aux administrations publiques et aux compagnies concessionnaires de l'Etat l'usage des chevaux entiers, à partir d'une époque déterminée.

6° Elever le prix des chevaux de remonte, sans pour cela grever davantage le budget de la guerre.

7° Encourager et multiplier, sur différents points de la France les écoles de dressage.

8° Enfin, donner à l'administration des haras une direction telle qu'il n'y ait plus dans sa marche hésitation constante, et résistance à l'endroit de l'industrie privée ni tendance à demander sans cesse l'augmentation de son action directe et, par conséquent, des allocations de plus en plus onéreuses pour le trésor.

Il nous reste à justifier, d'après nos convictions, chacune des mesures que nous venons de proposer.

1° En admettant provisoirement un certain nombre d'étalons entre les mains de l'Etat, on évite toute secousse à l'administration des haras et à la production chevaline. En cela notre opinion est conforme à celle des rapporteurs de la commission de 1852 : « Nous nous trouvons, disent-ils, en présence d'un état de choses qu'il faut accepter tel qu'il est, et dont il y aurait imprudence à ne pas tenir compte. » Et plus loin : « il ne conviendrait pas de réduire le nombre des étalons avant d'avoir la certitude qu'on pût le faire sans danger d'affaiblir la production du pays. D'ailleurs, leur effectif actuel ne sera pas un obstacle au développement de l'industrie privée, quand l'administration entrera dans la

voie qui lui est depuis longtemps tracée, ou
plutôt, aurait pu dire la commission, quand
l'obligation lui sera imposée de diminuer le
nombre de ses étalons à mesure des progrès
de l'industrie privée.

Mais en dépassant le chiffre des étalons aujourd'hui possédés par l'État, on inquiéterait
l'industrie privée, qui ne travaille avec confiance que lorsqu'elle n'a pas à redouter
une concurrence à armes inégales. Le nombre de ces étalons placés sur les différents
points où l'industrie privée serait encore en re-
tard, offriront d'ailleurs de suffisantes ressources, si les haras se retirent partout où l'industrie privée, encouragée, bien conseillée, fera
sentir son action. Ajoutons que le nombre d'étalons pourrait sans inconvénient être diminué
dès à présent, car, dans l'effectif actuel, une
inspection sérieuse trouverait pour le moins
400 animaux à mettre de côté comme inutiles
et même nuisibles à l'amélioration. Et cette
suppression fournirait ainsi une somme assez
considérable qui profiterait immédiatement
aux primes.

2° Tout en reconnaissant que les primes ac-
tuelles sont souvent suffisantes pour la qualité
des sujets présentés, il est incontestable qu'elles
ne le sont pas pour que l'industrie privée en-
tretienne volontiers des étalons et des juments
de qualité supérieure; aussi, elle reste en
arrière parce qu'elle craint les tendances de
l'administration au monopole, et qu'elle sait
que dans le système des haras il ne lui serait
tenu aucun compte de ses efforts.

Dans tous les cas, pour élever utilement
ces primes, il ne serait pas nécessaire de dou-
bler l'allocation des haras par une nouvelle
somme de deux millions, ainsi que la demande en a été faite, en 1859, à la commission du budget. 500,000 fr. ajoutés au chiffre
actuel des primes, donneraient, selon nous, à
l'industrie privée, une impulsion immédiate et
définitive. Cette somme disparaîtrait à mesure
de la diminution des étalons de l'État.

3° La commission de 1852 avait admis que les
haras du Pin et de Pompadour devaient être

supprimés, par la raison que les étalons de pur sang, anglais ou arabes, qui en provenaient coûtaient 15,000 fr. à l'État, tandis que le prix moyen de ceux que l'on peut acheter soit en France, soit en Orient, ne dépassait pas 5,000 fr. La commission avait reconnu, en outre, que les produits des haras n'étaient ni de meilleure qualité, ni, relativement, plus nombreux que ceux de l'industrie privée.

L'administration des haras, paraissant admettre alors la justesse des vues de la commission, s'y conforma immédiatement pour le haras du Pin, annonçant d'ailleurs son intention de renoncer, le plus tôt possible à celui de Pompadour; mais la force des anciens errements et l'instinct de la conservation lui ôtèrent le courage d'accomplir la mesure en entier. Cependant le haras de Pompadour n'avait pas plus de raison d'être que celui du Pin. On s'en convaincra en parcourant le passage du rapport de la commission de 1852 qui a trait à cette question.

La suppression de Pompadour laisserait disponible chaque année une somme assez considérable qui pourrait être utilement appliquée à d'autres services de l'administration.

4° Un grand nombre de chevaux appelés étalons rouleurs circulent dans les campagnes sans aucune espèce de contrôle. Ils sont en général mauvais ou tarés, et cependant, accueillis avec préférence par la plupart des fermiers, ils jouent un rôle très important dans la production. La raison en est simple. Comme ils sont défectueux, qu'ils ont coûté peu cher, les propriétaires accordent les saillies à bon marché : en outre, ils épargnent des déplacements coûteux aux fermiers et ils ont l'avantage que nous avons indiqué plus haut d'agir pour la production dans des conditions de température, d'alimentation et de travail plus favorables que celles où se trouvent les étalons de l'Etat.

Mais l'ac'ion de ces étalons est d'autant plus nuisible qu'ils tendent tous les jours à se multiplier, et cela parce que les propriétaires, malgré le prix peu élevé de la saillie, n'en retirent pas moins un produit considérable. En

effet pendant la monte, les chevaux allant de
ferme en ferme, sont nourris aux frais de
ceux qui les accueillent, et leurs conducteurs
reçoivent des gratifications qui s'ajoutent à
leurs de gages.

Malgré ses inconvénients, ce système, dû, à
l'initiative de l'industrie privée, a pour les cul-
tivateurs, le double avantage d'être économique et de produire en nombre. A ce point
de vue, nous ne saurions trop l'approuver;
mais sous la condition essentielle que, pour
en assurer les bons effets, on soumettra ces
étalons à un contrôle sévère.

Le contrôle qui peut se traduire par une
simple autorisation est bien loin d'avoir le ca-
ractère fiscal et impopulaire que présenterait
l'impôt demandé par les défenseurs des haras.
Il n'aurait dans son application que le carac-
tère ordinaire des mesures de police imposées
à tous les services publics.

N'est-il pas étonnant, en effet, que des animaux reproducteurs, dont le bon ou mauvais
usage intéresse à un si haut degré le commerce
et la défense du pays, échappent à toute surveillance et puissent publiquement et impuné-

ment rendre inefficaces en partie les dépenses
que fait l'Etat en faveur de l'espèce chevaline !

5° Les administrations publiques et les compagnies de transports se servent, à Paris, notam-
ment, de chevaux de trait entiers, leur attri-
buant des qualités de force qu'ils refusent aux
chevaux hongres de même race. C'est là une
erreur facile à constater. On voit des chevaux
hongres attelés à de grosses charrettes avec des
chevaux entiers et qui ne leur cèdent en rien
pour la durée et la puissance. Les omnibus eux-
mêmes desservent quelques-unes de leurs li-
gnes avec des chevaux hongres qui font le même
service que les chevaux entiers et se conser-
vent mieux. Enfin l'Angleterre, l'Allemagne,
les États-Unis ne n'emploient pas d'autres chevaux pour leurs gros usages. Pourquoi en France
persister dans l'emploi routinier des chevaux
entiers, lorsqu'il est démontré que cet emploi
nuit encore à la bonne reproduction, mais
amoindrit encore les ressources de notre remonte ?

L'étalon, dans la véritable acception du mot, le cheval destiné à l'amélioration de sa race, est un type toujours rare à trouver. Du moment que l'on a sous la main des chevaux entiers en trop grand nombre, il arrive que ces chevaux, par une cause ou par une autre, — incurie ou inintelligence du propriétaire, — deviennent des reproducteurs, et le plus souvent, dans ce cas, des reproducteurs médiocres sinon nuisibles.

A un moment donné, si la guerre a un besoin extraordinaire de chevaux de trait, elle ne trouve que des chevaux entiers. On est alors forcé d'en recevoir qui ont été castrés depuis peu et dans un âge trop avancé : de là résultent des maladies nombreuses et des pertes considérables.

Il serait donc à désirer que le nombre des chevaux entiers fût limité, et aucune mesure ne nous paraîtrait plus efficace pour atteindre ce résultat que d'en interdire l'emploi aux administrations publiques et aux compagnies de transport concessionnaires de l'État. Ce sont elles en effet qui par leur préférence peu réfléchie, encouragent cet état de choses.

6° Élever le prix des chevaux de remonte, sans pour cela grever davantage le budget de la guerre, paraît au premier abord, une mesure impossible à réaliser; cependant nous croyons qu'il est facile d'obtenir ce résultat.

L'État achète la plupart de ses chevaux de remonte à quatre ans et il les conserve dans des dépôts jusqu'à cinq, époque à laquelle seulement ils sont susceptibles d'entrer dans le rang et de faire un bon service. Mais pendant cette année ils coûtent à l'Etat plus de 600 fr. chacun, soit 50 fr. par mois, si on ajoute au prix de leur nourriture les pertes inévitables causées par les tares et la mortalité, proportionnellement plus considérable de quatre à cinq ans qu'après cet âge.

Si les chevaux de remonte étaient achetés à cinq ans seulement, l'Etat pourrait donc les payer 600 fr. de plus qu'il ne les paye aujourd'hui, sans dépenser davantage.

Mais, comme il faut toujours au cheval nouvellement acheté un temps plus ou moins long pour son dressage et sa mise en condition, cette préparation, qui, à quatre ans, exige une année, n'exigerait plus à cinq ans, que deux mois, le développement du cheval étant à peu près complet à cet âge. Il s'en suit que si la remonte payait ses chevaux 500 francs de plus, à cinq ans qu'elle ne les paye à quatre, il n'y aurait pas, pour l'administration de la guerre un surcroît de dépense. L'effectif de sa cavalerie serait plus complet et compterait moins de non-valeurs.

Nous ne saurions nous attribuer le mérite de cette idée qui a été proposée depuis quelques années par des officiers distingués d'une expérience pratique et toute spéciale ; mais nous sommes persuadé que son adoption se-rait favorablement accueillie par tous les éleveurs qui trouveraient dans une augmentation de 500 fr. un motif suffisant pour garder leurs chevaux jusqu'à cinq ans, et se livreraient plus volontiers à un élevage peu lucratif pour eux jusqu'ici. Ajoutons que ce système d'achat laisserait toujours dans le pays une réserve considérable, celle des chevaux de quatre ans, ressource précieuse si la guerre survenait et devait se prolonger.

Quant à l'utilité de la mesure dont il est question au point de vue qui nous occupe, elle ne saurait être mise en doute. Le prix moyen du cheval de remonte ne dépasse pas 700 fr. Le prix moyen du bon cheval de trait atteint et dépasse même 900 fr. Comment l'éleveur ne se laisserait-il pas séduire par cette différence ? Du jour où il y aura pour lui bénéfice à élever le cheval plus léger, il le fera d'autant plus volontiers que dans cette espèce il réussira quelquefois à produire des sujets dignes d'être achetés par le luxe, et qui, tout en lui apportant un gros bénéfice, contribueraient de plus en plus à l'amélioration de nos races.

7° Les écoles de dressage, telles qu'elles existent aujourd'hui, n'ont obtenu jusqu'ici que de faibles résultats, parce qu'elles sont incomplètes dans leurs attributions. Non seulement il importe d'en accroître le nombre, mais il faudrait encore qu'à côté du dressage exclusif des chevaux on leur donnât une organisatiou suffisante pour former des hommes spéciaux, qui nous manquent en France plus encore que les chevaux. Ces écoles rentrent dans notre programme, puisqu'elles sont aux mains de l'industrie privée, qu'elles peuvent réaliser des bénéfices, et contribuer ainsi à une amélioration toujours progressive.

En élevant l'importance des écoles de dressage, il serait nécessaire que les allocations données fussent mises en rapport avec les services demandés ; on les amènerait ainsi à un état de prospérité qui leur permettrait de renoncer un jour à ces subventions, indispensables pour commencer.

Elles remplaceraient alors et d'une manière avantageuse l'école des haras, supprimée en 1852 comme étant trop coûteuse pour l'État, eu égard aux services rendus.

L'école des haras était entièrement à la charge de l'État. Les dépenses qu'elle occasionnait ne pouvaient jamais être amoindries, et les positions que l'administration offrait aux jeunes gens qui en sortaient n'étaient pas en rapport avec le nombre des élèves. Aussi, la plupart d'entre eux, lorsqu'ils avaient fini leur temps d'études restaient-ils des années entières dans l'attente d'un emploi.

Les écoles de dressage, telles que nous les comprenons, seraient au contraire une pépinière d'hommes habiles toujours assurés d'être occupés ; l'administration des haras pourrait y recruter ses agents, et les écuries particulières y trouveraient des piqueurs et des palefreniers capables si rares aujourd'hui.

8° Enfin, il serait de l'intérêt public de placer l'administration des haras sous une direction telle qu'il n'y eût dans sa marche ni hésitation ni faiblesse, et que l'éleveur pût se livrer à son industrie sans craindre une concurrence qui jusqu'à présent le tient en échec. Il importe surtout que les haras aient un but défini en rapport avec les idées de progrès dont s'inspirent à notre époque les saines théories en économie politique. Toute résistance systématique au développement de l'industrie privée est aujourd'hui un anachronisme qui ne peut se produire que là où il y a préoccupations routinières ou parti pris.

Aussi, pour nous, qui voudrions la remise complète des étalons améliorateurs entre les mains des particuliers, leur conservation très-limitée entre les mains des haras n'est-elle qu'une mesure transitoire, une sorte d'acheminement vers l'émancipation complète et définitive de notre industrie chevaline.

Le principe de cette émancipation est renfermé dans les paroles de l'Empereur que nous avons citées, paroles auxquelles la lettre de Sa Majesté à S. Exc. le ministre d'Etat vient de donner une nouvelle, une éclatante consécration.

Au moment de mettre sous presse, nous recevons une brochure intitulée *Question chevaline*, par M. le comte d'Aure.

Habitué depuis longtemps à reconnaître l'excellence des principes d'équitation de M. le comte d'Aure et son incontestable talent, nous serions d'autant plus heureux de nous rallier à ses opinions en matière de production chevaline, que plusieurs passages de sa brochure confirment ou justifient les idées que nous avons émises dans notre travail ; mais, d'un autre côté, ils renferment des propositions si contraires au développement de l'industrie privée, seul système économique et fécond dans ses effets, que, pour compléter notre tâche, nous croyons devoir soumettre à l'appréciation de nos lecteurs quelques observations qui se rattachent à cette publication.

M. d'Aure croit qu'il faut interroger le passé pour trouver l'indication de ce qu'il y aurait à faire aujourd'hui.

4

Aussi donne-t-il d'abord l'historique suc-
cinct de notre industrie chevaline et de l'administration des haras, dont il regarde l'intervention comme seule efficace pour l'amélioration de nos races. Toutefois, il reconnaît avec
nous le besoin qu'elle a d'une meilleure direction; il examine ensuite la position des remontes de l'armée ainsi que leur manière de pro-
céder, et demande, comme moyen d'améliorer
cette partie importante de notre consomma-
tion, plus de facilité dans les transactions et
l'achat des chevaux à cinq ans au lieu de quatre. Nous avons dit sur ce sujet notre pensée,
et la compétence du célèbre professeur en pareille matière est une approbation précieuse
pour notre opinion.

M. d'Aure recommande la création de
grandes écoles d'équitation uniquement four-
nies de chevaux indigènes. Ici la spécialité
de M. d'Aure est encore à même de donner les
meilleurs enseignements; mais il nous importe peu que ces établissements s'appellent
écoles d'équitation, manéges, académies, écoles
des haras ou écoles de dressage. Si nous avons
adopté dans notre travail la dernière dénom-

ination, c'est que les autres impliquent trop l'action directe, constante et toujours restrictive de l'État, tandis que les écoles de dressage, telles qu'elles existent aujourd'hui dans plusieurs centres d'élevage, sont la création de l'industrie privée, et que, si elles étaient bien encouragées, bien réglementées, elles atteindraient le même but à moins de frais pour l'État.

M. d'Aure énumère ensuite une série de mesures à prendre par l'administration des haras. Quelques-unes peuvent également rentrer dans notre programme, telles que l'achat des étalons de pur sang à cinq ou six ans après les épreuves de courses, les primes aux juments et aux étalons de l'industrie privée, les primes de dressage. Quant aux autres, nous ne saurions nous y associer.

Ainsi, élever l'effectif des haras de 800 étalons en le portant à 2,000 entraînerait pour l'État un surcroît de dépenses annuelles de 1,500,000 fr. au moins; en outre, ce serait une contradiction avec ce que M. d'Aure dit lui-même à la fin de sa brochure : « Sans la concurrence, » une industrie resté stationnaire » ou s'éteint. »

En effet, il ne peut y avoir concurrence entre l'Etat et l'industrie privée, et les particuliers se-raient-ils bien ardents pour posséder des étalons à l'envi les uns des autres, lorsqu'ils verraient les haras augmenter le nombre des leurs ?

Acheter pour la remonte des haras des éta-lons à deux ans et demi, ne nous semblerait pas non plus une mesure bien économique et bien sage ; leur entretien jusqu'à l'âge d'entrer en service, défalcation faite des pertes et des non-valeurs, atteindrait un chiffre considérable, dif-ficile même à prévoir. Quelle quantité de pou-lains faudrait-il acheter chaque année pour être sûr d'avoir aussi, chaque année, de quoi par-faire l'effectif des étalons ? Si l'on procédait, comme l'indique M. d'Aure, on obtiendrait sans doute l'avantage, fort apprécié par lui, de faire castrer plus tôt un grand nombre de chevaux de luxe ; mais ne serait-ce pas au prix de sacrifices énormes pour le budget ? Ne serait-ce pas un encouragement pour les éle-veurs, à conserver la mauvaise habitude de vendre leurs produits trop jeunes ?

Ainsi M. d'Aure recommande pour la re-monte des haras exactement le contraire de ce qu'il recommande pour la remonte de l'armée, puisqu'il croit utile pour cette dernière de n'acheter qu'à cinq ans.

Rétablir les jumenteries de l'Etat pour vendre annuellement les produits mâles et femelles qui en résulteraient, serait-ce autre chose que faire à grand frais une concurrence déjà condamnée par l'expérience? Où s'arrêterait-on d'ailleurs dans une pareille voie?

Les défenseurs les plus absolus du monopole demandent, avec M. d'Aure, la réalisation de cette mesure. D'après eux, les bons types se perdent et l'Etat doit y pourvoir. Ils citent même souvent, à l'appui de leur opinion, le haras de « Hampton court, » en Angleterre, comme remplissant ce rôle de conservateur; mais ils oublient que ce Haras appartient à la reine et non à l'Etat, qu'à ce titre il rentre dans le domaine de l'industrie privée, et qu'en outre ses produits ne sont pas supérieurs à ceux d'une foule d'autres écuries particulières.

---

(1) Nous rappellerons à l'appui que le haras de Hampton-Court est souvent réduit à se pourvoir de bons étalons dans des écuries particulières, et le meilleur reproducteur qu'il ait aujourd'hui est *Orlando*, propriété de M. Gréville, et loué par lui pour le service du haras.

Frapper d'un impôt très-élevé les mauvais étalons rouleurs serait, pour les agents chargés de ce soin, une mission bien délicate et bien difficile ; d'ailleurs M. d'Aure admet comme nous la nécessité de l'autorisation pour tous les étalons non primés ; l'impôt devient donc inutile.

Enfin, M. d'Aure indique le rôle que doit jouer l'école de cavalerie en vue des réformes qu'il propose à l'administration de la guerre. Là l'auteur est sur son terrain, et personne ne saurait mieux connaître l'organisation de cette école et les améliorations dont elle est susceptible, que celui qui, pendant plusieurs années, en a dirigé l'instruction équestre de la manière la plus brillante.

Les conclusions générales de la brochure établissent qu'en adoptant ses propositions, on arriverait sans doute un jour à n'avoir plus besoin de l'administration des haras et à dégrever le budget de l'Etat.

Rien ne serait plus désirable que ce double résultat ; mais nous ne saurions voir dans le système de M. d'Aure le moyen pratique de l'atteindre ; car, dans les conditions où nous sommes aujourd'hui, augmenter l'action directe de l'État, serait diminuer l'activité de l'industrie privée et rendre ainsi l'administration des Haras de plus en plus nécessaire.

Quant à l'économie du budget il n'y faudrait guère songer, car pour ajouter à l'effectif des Haras 800 étalons, les acheter à 2 ans 1[2, rétablir les jumenteries, créer à Paris, dans les principales villes de France et dans les grands centres d'élevage, des institutions équestres, et tout cela, exclusivement à la charge de l'Etat, il faudrait ajouter aux deux ou trois millions que l'on dépense chaque année pour les Haras beaucoup d'autres millions.

L'industrie privée n'en demande pas tant pour réaliser toutes les améliorations désirables dans nos races chevalines!

EXTRAIT

DE LA DÉLIBÉRATION DU CONSEIL MUNICIPAL DU CANTON
DE TRUN, DÉPARTEMENT DE L'ORNE.

(Session de février 1859.)

L'an 1859, le 12 février, en vertu du, etc...

M. le président expose au conseil que c'est en vain, comme on se le rappelle fort bien, qu'il a adressé à l'Administration des haras plusieurs demandes tendant à obtenir l'établissement à Trun d'une station d'étalons; qu'il a toujours déploré avec le Conseil de voir abandonnée à ses seules ressources une contrée si bien dotée par la nature, pour élever et améliorer la race chevaline, puisqu'elle est située, partie sur les gras pâturages du Pays d'Auge, partie sur les verdoyantes prairies de la vallée de la Dive; que le mal est devenu si grand qu'il serait impossible, à l'aspect de cette race dégénérée, abâtardie, qui tous les jours frappe si péniblement les regards, de reconnaître les descendants de ce noble animal qui rend tant de services à l'homme; que cet état de choses menaçait de se prolonger indéfiniment; *mais, que satisfaction vient enfin d'être donnée aux intérêts si légitimes du pays par un simple particulier.*

En effet, depuis quatre ans environ, M. Adolphe Simon, ancien officier des haras impériaux, a établi à Bailleul un haras qui commence à produire d'excellents effets. Tout récemment, après avoir cherché à Trun même un emplacement convenable, il s'est rapproché d'environ trois kilomètres et ne se trouve plus qu'à la même distance du chef lieu de canton, puisqu'il est maintenant à Saint-Lambert.

Pour satisfaire aux vœux et aux intérêts de Trun même, il envoie tous les jeudis et dimanches de chaque semaine quatre des étalons de son établissement dans cette dernière commune. Ne serait-ce pas le cas d'encourager les efforts tentés par M. Simon, et de lui prouver par un vote de satisfaction que l'on sait apprécier *le bien qu'il a déjà fait.*

M. le Maire déclare ensuite que le concours si éclairé que le Conseil n'a cessé de lui prêter depuis plus de dix ans, lui fait attendre avec confiance sa décision.

Sur quoi délibérant,

Le Conseil, considérant que le haras de M. Simon, composé de bons étalons, donne une juste et entière satisfaction aux intérêts du pays, et en examinant les choses à un point de vue plus élevé, à celui-même de l'Etat, puisqu'il met la

contrée à même de fournir de bons chevaux au Comité de
remonte de l'Orne, se plaît ici à lui témoigner *sa satisfaction
et sa reconnaissance.*

Considérant que pour mieux prouver l'importance qu'il
attache à l'établissement à Trun de cette station de bons étalons, il ne veut point se borner à des paroles, mais bien y
joindre la réalité des faits,

Vote à M. Simon une somme de 150 francs *à titre d'indem-
nité* pour frais de déplacement, location d'écuries et entretien
d'un palefrenier à Trun.

En conséquence, il supplie M. le Préfet de vouloir bien
ouvrir par un article additionnel au crédit de 1859 un crédit
de pareille somme à imputer sur les revenus ordinaires de
la commune.

(Suivent les signatures de MM. les Maire et Conseillers
municipaux de Trun.)

RAPPORT

DE LA COMMISSION DES HARAS

NOMMÉE EN 1852.

Monsieur le Ministre,

En matière d'industrie l'État est puissant pour encourager,
mais il doit le moins possible faire par lui même. Cela est vrai
de la production des chevaux comme de toute autre, et pour
obtenir de grands résultats il faut compter, non pas sur les ressources nécessairement bornées du budget, mais sur le développement de l'industrie nationale, qui est sans limite.

Ce principe, qui a donné dans d'autre pays des résultats si
remarquables, n'est cependant pas immédiatement applicable
en France.

Nous nous trouvons en effet en présence d'un état de choses
qu'il faut accepter tel qu'il est et dont il y aurait imprudence à
ne pas tenir compte.

Il paraît néanmoins facile de concilier les nécessités de la situation actuelle avec le développement de l'industrie privée,
en passant en revue les diverses branches du service des ha-

ras, on voit que sans aucun changement de nature à mettre en péril la production du pays, il est possible de réaliser à la fois des améliorations et des économies pour le trésor, et surtout d'en proposer de plus considérables pour l'avenir.

DÉPOTS D'ÉTALONS.

L'administration des haras entretient dans les dépôts 1,335 étalons nationaux ; ces étalons produisent la plus grande partie des chevaux destinés aux remontes de l'armée et au commerce de luxe.

Il ne conviendrait pas d'en réduire le nombre avant d'avoir la certitude qu'on peut le faire sans danger d'affaiblir la production du pays. D'ailleurs leur effectif actuel ne sera pas un obstacle au développement de l'industrie privée, quand l'administration entrera dans la voie qui lui est depuis longtemps tracée.

Chargée, en même temps qu'elle entretient des étalons, d'encourager par des primes ceux de l'industrie privée, l'administration doit éviter de leur faire concurrence. Partout où elle aura réussi à créer des étalons particuliers, elle doit se retirer pour porter ses efforts sur d'autres points où le terrain sera resté libre. Enfin, il faut éviter, là où les étalonniers peuvent retirer de la saillie de leurs chevaux un prix rémunérateur, de les en empêcher en offrant les siens à un prix plus bas. *Sans doute, ce rôle demande une grande abnégation, mais l'administration ne saurait en prendre un autre sans compromettre les intérêts du pays.*

Les établissements de l'administration sont inscrits au budget de 1852 pour une somme de 1,556,400 fr.; mais cette somme comprend les frais des deux haras du Pin et de Pompadour. Il convient donc d'examiner quelle est l'utilité réelle de ces deux établissements et quelle est leur part dans la dépense.

HARAS DU PIN ET DE POMPADOUR.

Le haras du Pin ne contient plus qu'une douzaine de poulinières de pur sang anglais.

Le haras de Pompadour, où l'on élève des chevaux arabes et des chevaux dits anglo-arabes, se compose de 68 poulinières.

L'année dernière, ces deux établissements ont fourni ensemble 10 étalons à la remonte des dépôts, et comme cette remonte a été au total de 167 chevaux, on voit que l'élevage des haras ne leur fournit que 1|16 de leur besoins annuels. Il n'a donc comparativement qu'une importance secondaire.

Cependant la dépense faite pour l'entretien de ces deux haras est considérable : ils n'ont pas coûté, en 1851, moins de 150,000 fr.

Ce chiffre donné, il convient de rechercher quel est le prix des étalons qu'ils fournissent à l'État.

Pour arriver à une moyenne aussi exacte que possible, nous avons relevé les dépenses de la Jumenterie de Pompadour pendant les six dernières années; et en tenant compte d'un côté, du produit des animaux vendus, de l'autre de la perte résultant de l'exploitation rurale, nous avons trouvé que pour les six années de 1846 à 1851, la dépense de la Jumenterie a été de 642,000 fr.

Pendant ces six années, la Jumenterie de Pompadour a fourni 46 étalons, ce qui mettrait à 14,000 fr. le prix de revient de chacun d'eux.

Nous croyons cette estimation modérée. On la trouve telle, quand on la contrôle au moyen des résultats obtenus l'année dernière.

En 1851, les 68 juments de Pompadour ont produit 20 poulains mâles ; c'est là un chiffre de naissances satisfaisant et qui constitue une bonne année. D'un côté, la dépense des haras a dépassé 140,000 fr.; de l'autre côté, sur ces 20 poulains, la réforme ou la mort en ont déjà enlevé 5, et il n'en reste plus aujourd'hui que 15. En admettant que 9 de ces poulains, c'est-à-dire près des deux tiers deviennent un jour propres à la reproduction, on aura produit 9 étalons avec une dépense de plus de 140,000 fr. c'est-à-dire que chacun d'eux reviendra à 15,500 fr.

Ce prix de revient est exorbitant. L'État n'a pas de raison pour payer de 14 à 15,000 fr. par tête les chevaux de pur sang anglais élevés au Pin, ou les chevaux arabes élevés à Pompadour, quand il peut trouver en France ou en Angleterre des étalons de pur sang, et en Arabie des étalons arabes à un prix bien inférieur.

Pour les premiers, c'est une vérité bien évidente; pour les seconds, la correspondance de l'agent des haras aujourd'hui à Bagdad, montre qu'il trouve en Arabie de bons étalons pour 3,500 fr. En ajoutant 1,500 fr. pour le transport, on voit qu'ils ne reviennent pas à plus de 5,000 fr. rendus en France.

Il y aurait donc une économie considérable à supprimer des jumenteries dont les produits coûtent trois fois plus chers que ceux de l'industrie nationale ou étrangère ; mais on y trouve-rait encore d'autres avantages.

Lorsque l'administration achète à des particuliers des éta-lons de race pure, elle se montre à bon droit sévère, et ne veut que des animaux accomplis et ayant fait leurs preuves.

Agit-elle avec la même rigueur lorsqu'il s'agit de juger ses produits et de les déclarer propres à améliorer les espèces ? L'examen des faits montre qu'il y a quelques raisons d'en douter.

Les écrits publiés par l'administration posent en fait que l'industrie privée ne peut pas fournir à sa remonte annuelle plus de 12 ou 15 étalons de race pure. L'an dernier on n'a pu en acheter que ce dernier nombre. Or, les étalons achetés en 1851 étaient nés en 1847, année dans laquelle l'industrie pri-vée a compté 177 naissances d'animaux de race pure. On n'ad-met donc pas plus d'un étalon par 11 naissances.

En appliquant cette règle aux haras de l'administration, on trouve qu'ils n'ont compté, en 1847, que 33 naissances et qu'ils n'auraient dû conséquemment fournir, en 1851, que 3 éta-lons, tandis que nous avons vu qu'on en avait trouvé 10 di-gnes d'entrer dans la remonte.

L'administration a les mêmes étalons et des juments de la même qualité que l'industrie particulière. Elle n'élève pas mieux, et si elle obtient des résultats tellement supérieurs en apparence, c'est uniquement parce qu'on est moins sévère pour soi-même que pour les autres. C'est là un penchant na-turel, auquel l'administration doit être d'autant plus portée à céder, qu'en y résistant, en mettant la même rigueur à choi-sir parmi ses produits que parmi ceux des particuliers, elle diminuerait leur nombre des deux tiers et triplerait ainsi le prix des étalons qu'elle élève, et qui, après cette épuration devraient coûter non plus 14 à 15,000 fr., mais 40 à 45,000 fr.

D'ailleurs l'administration n'a pas, pour guider ses choix, ces épreuves publiques nécessaires pour juger la valeur réelle des chevaux de race pure. Beaucoup d'animaux qui seraient restés nets et exempts de tare dans l'oisiveté des haras, perdent ce mérite trompeur dès qu'on les soumet à la préparation qui précède les courses. Et beaucoup parmi ceux qui résistent, ne montrent pas le jour de la lutte les qualités dont on les croyait doués. Ce n'est donc qu'après cette double épreuve qu'on peut choisir les sujets dignes de perpétuer la race, et comme les étalons élevés dans les haras de l'Etat, et les mères dont ils sortent n'y sont pas soumis, ils n'offrent en réalité au public aucune garantie.

Outre l'inconvénient de peupler les dépôts d'animaux non essayés, les haras en ont encore un autre qui résulte aussi de la faiblesse naturelle de l'administration pour ses propres élèves. Les trouvant bons, elle veut en avoir beaucoup et il en résulte que la dépense faite pour les Jumenteries va toujours croissant. En 1846, le haras de Pompadour coûtait 155,176 fr.: il entretenait 66 étalons et 38 juments seulement. En 1851, il coûte 198,880 fr., mais on n'y compte plus que 52 étalons contre 68 juments, la dépense a donc augmenté d'un tiers, mais le dépôt de Pompadour a perdu 14 étalons.

Faut-il supporter d'aussi graves inconvénients, continuer d'aussi grands sacrifices dans le but de créer à Pompadour une race dite Anglo-Arabe? Nous ne le pensons pas. La race arabe native, ou améliorée en Angleterre, nous offre un type de reproducteurs si éprouvé, que l'idée d'en créer un meilleur nous paraît chimérique. D'ailleurs, l'entretien simultané dans les dépôts de l'Etat, d'étalons arabes et d'étalons de pur sang anglais permettra à l'industrie particulière de mêler les deux sangs, et si l'essai vaut quelque chose, il se fera sans dépense pour le trésor. Nous croyons donc qu'il est d'une bonne administration de supprimer ces établissements. Ils ne fournissent qu'un seizième de la remonte annuelle des dépôls. Ils sont onéreux pour le trésor, puisque leurs produits coûtent trois fois plus que ceux de l'industrie française ou étrangère, sans présenter les mêmes garanties.

Enfin, ils sont dangereux pour l'administration elle-même,

toujours portée à consacrer à leur extension des soins et de l'argent qu'elle peut employer plus utilement pour le pays.

La création et le développement de Pompadour fournissent une preuve convaincante des dangers de cette tendance. Sous le rapport du sol, du climat et de l'alimentation, il n'y a pas d'établissement placé dans des conditions plus défavorables. L'entretien des chevaux y coûte un tiers plus cher que dans la plupart des autres localités. La suppression des haras du Pin et de Pompadour permettrait de réduire à 150,000 fr. le crédit relatif à l'entretien des haras et dépôts. Mais comme il faudrait ajouter 50,000 fr. à la somme affectée à la remonte des dépôts, l'économie réelle serait donc de 100,000 fr. qu'on peut aujourd'hui rayer du budget.

ENCOURAGEMENTS A L'INDUSTRIE PARTICULIÈRE.

En même temps qu'elle entretient et remonte ses dépôts d'étalons, l'administration des haras est chargée du service plus important encore des encouragements destinés à développer l'industrie particulière. Elle dispose, à cet effet, des fonds alloués tant pour le prix des courses que pour les primes aux étalons et aux juments.

Le crédit des courses est de 300,000 fr., sur cette somme 244,000 fr. ont été consacrés en 1851 aux courses proprement dites, et 56,000 fr. aux courses au trot et aux primes de dressage.

L'utilité des courses est reconnue. Le crédit inscrit au budget paraît suffisant, et si plus tard il devenait nécessaire de l'augmenter, les villes et les associations particulières; dont les libéralités dépassent déjà celles de l'Etat, pourvoiraient à ces nouveaux besoins.

PRIMES AUX ÉTALONS APPROUVÉS ET AUX JUMENTS.

Les 1,300 étalons de l'État produisent chaque année environ 30,000 poulains, et comme la population chevaline de la France paraît se renouveler annuellement par 300,000 naissances, on voit que la part des étalons nationaux dans la production n'est que de 1 0[0. Pour l'amélioration des 9 1[0 restants, deux moyens se présentent. Ou bien en confier directement le soin à l'Etat, ce qui entraînerait l'entretien de 13,000 étalons, et une dépense de 20,000,000 fr., ou bien, s'en reposer sur l'industrie particulière convenablement encouragée.

L'absurdité du premier système n'a pas besoin d'être démontrée. Le second est le seul qu'on puisse admettre. Il repose sur l'institution des primes, au moyen desquelles on peut subventionner 3 ou 4 étalons particuliers avec la même somme que coûte l'entretien d'un étalon de l'Etat.

Depuis 1850, l'administration dispose à cet effet d'un [crédit de 200,000 francs. Le rapport que nous avons eu l'honneur de vous remettre, montre l'usage qu'elle en fait. Ainsi, elle n'accorde en 1852 aux étalons particuliers approuvés que 61,150 fr. et emploie le reste, soit à augmenter indirectement, soit à recruter ses propres établissements.

Le résultat de cette manière d'agir est que le nombre des étalons approuvés, qui était en 1850 de 447, est tombé en réalité, pour 1852, à 275, quoique le compte-rendu de l'administration en accuse 491.

Il y a urgence à faire cesser un pareil état de choses. Accroître d'une centaine, sous le nom d'étalons départementaux, l'effectif des étalons de l'Etat, c'est ajouter une fraction bien minime à leur part dans la production générale du pays, et l'on ne comprend pas que, pour arriver à ce mince résultat, on y ait consacré la plus grande partie de la somme destinée à l'amélioration des 9[10 restants. Il est évident qu'on ne peut pas se passer du concours de l'industrie particulière, et l'administration manque à sa mission, quand elle détourne pour un autre usage la moindre partie des fonds qui lui sont confiés.

Les 200,000 fr. inscrits au budget peuvent suffire à primer convenablement 700 étalons. Le premier devoir de l'administration est de s'efforcer d'arriver à ce nombre, et cela ne sera pas sans doute impossible, puisqu'en 1850 elle en primait déjà près de 500, en n'employant guère que la moitié du crédit. La latitude laissée par les règlements pour les chiffres de chaque prime permet de donner à chaque étalon un encouragement en rapport avec son mérite. De sorte qu'en l'employant avec discernement on peut arriver à la fois à augmenter le nombre et à améliorer la qualité des étalons entretenus parmi les particuliers.

Une répartition judicieuse et faite dans le même esprit du crédit de 100,000 fr. alloués aux primes, aux juments et à l'élève, viendra encore faciliter ce résultat; et après l'avoir obtenu, l'administration aura rendu au pays un plus grand service qu'en augmentant, sous quelque prétexte que ce soit, l'importance de ses propres établissements.

Tel est l'esprit dont l'admnistration des haras doit se pénétrer. Débarrassée d'établissements plus onéreux qu'utiles au pays, elle se consacrera tout entière à sa véritable mission. Tout en entretenant des dépôts d'étalons dont le maintien est aujourd'hui nécessaire, elle comprendra que la plus belle partie de sa tâche est de développer, au moyen des encouragements dont elle dispose, l'industrie nationale, puisque de ce développement seul on peut attendre de grands et féconds résultats.

Nous croyons, Monsieur le ministre, que vous pouvez adopter avec sécurité les différentes mesures que nous avons l'honneur de vous proposer. Elles n'ont rien de subversif, rien qui puisse entraver la production. Elles ne sont qu'un rappel à l'observation des règles de tout temps prescrites à l'administration des haras et dont l'opinion publique aurait certainement réclamé l'exécution, si elle avait pu croire qu'on les éludât.

Veuillez agréer, Monsieur le ministre, l'assurance de notre très haute considération.

Signé : ACHILLE FOULD, BARON DE LA ROCHETTE, LEGOUTEULX, E. FLEURY.

Paris. — Imp. Schiller aîné, 11, Faub.-Montmartre.

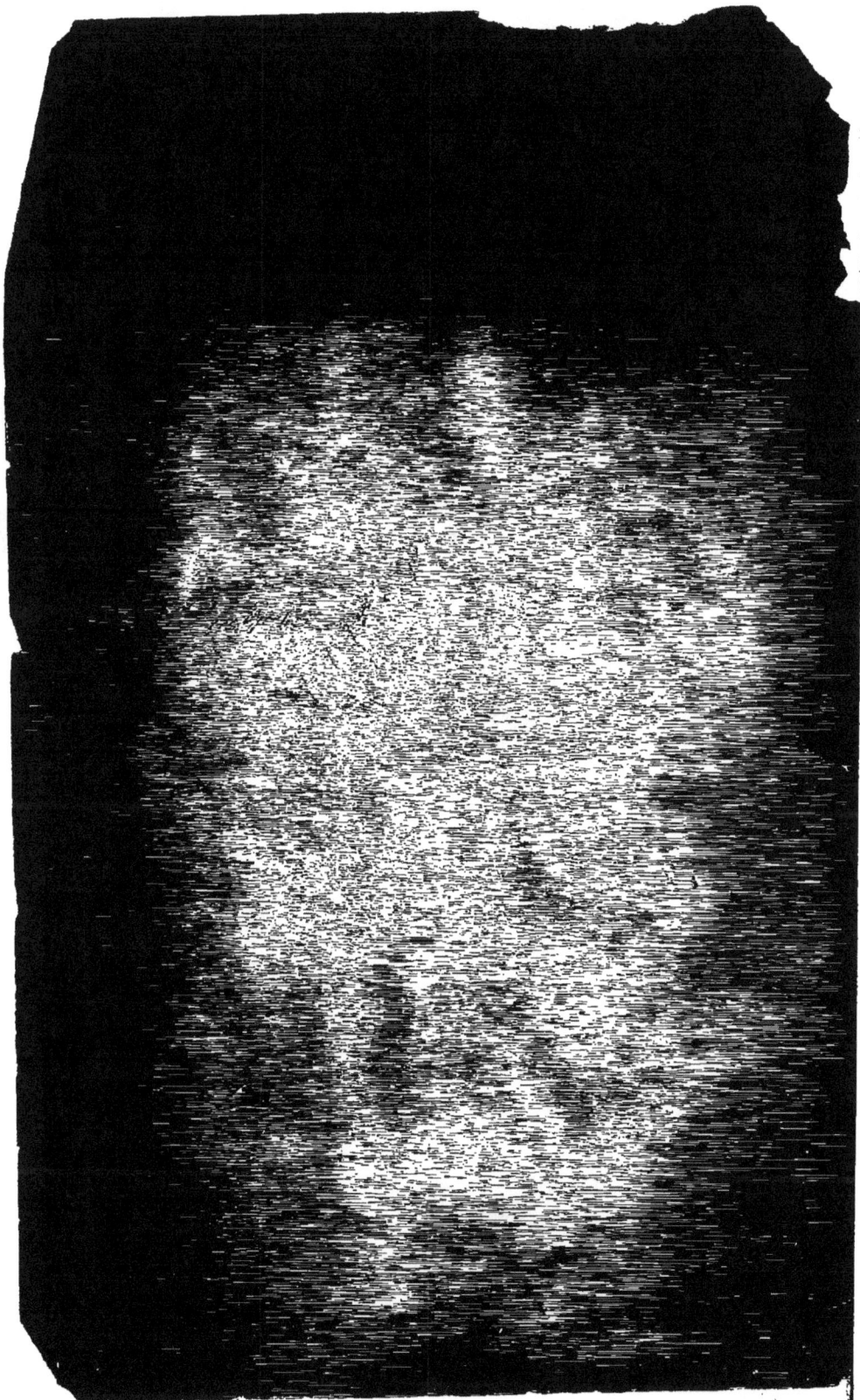

www.ingramcontent.com/pod-product-compliance
Lightning Source LLC
Chambersburg PA
CBHW070830210326
41520CB00011B/2197